ALGUNAS PARTES NO son para COMPARTIR

por Julie K. Federico

Some Parts are not for Sharing
Copyright © 2009 by Julie K. Federico. All rights reserved.

DEDICATORIA

Este libro está dedicado a Amelia y Olivia, y a todos los niños del mundo.

RECONOCIMIENTO

Quisiera dar las gracias a Dios por darme las palabras que necesité para escribir este libro, y a IngramSpark por ayudar a publicarlo.

INTRODUCCIÓN

Cada día en los Estados Unidos 4 niños mueren a causa del abuso. Una de cada 4 niñas y 1 de cada 6 niños son sexualmente molestados antes de 18 años. La mayoría de estos abusos inician antes de que cumplan 4 años de edad. ¡Debemos tomar precauciones para proteger a nuestros niños de este gran problema!

Este libro permite a los padres empezar a educar a los niños pequeños (menores de 4 años) sobre el cuidado de su cuerpo. "Di que 'No' y escapa. Ve con un adulto de confianza y cuéntaselo." Estos son conceptos cruciales que cada niño pequeño debe saber. Es la responsabilidad de los adultos proveer lecciones básicas para la protección de sus hijos y este cuentito les ayudará en el proceso.

Marilyn Carson
Prevention Education Specialist
ChildHelp

Todos tenemos cuerpo.
Hasta los peces tienen cuerpo.

Algunas partes del cuerpo podemos compartir con otros.

Por ejemplo, compartimos nuestras manos cuando nos saludamos

o nos estrechamos las manos.

Nosotros compartimos todas las partes del cuerpo excepto las "partes privadas".

Las partes privadas son aquellas que se cubren con el traje del baño.

Las llamamos partes privadas porque *estas partes no son para compartir.*

Si alguien te pregunta si puede tocar tus partes privadas o te toca, di "¡No!" y anda corriendo a contarlo a un adulto de confianza.

Algunas partes de nuestros cuerpos podemos compartir con otros, pero algunas partes no se comparten.

EL FÎN

Some Parts are NOT for Sharing Study Guide

Objective:
Students will understand what body safety is and how to protect their bodies. Students will learn who they should tell if someone is touching them in an unsafe way.

Discussion Questions:

Before today has anyone in the group had training on body safety? What you think body safety is?

After reading Some Parts are NOT for Sharing we learned what parts of our bodies we share with others. What are the parts of our bodies that we share with others? What are the parts we do not share?

What should someone do if they encounter unwanted touch? Who should they tell? What should the student do if the person they tell does not listen to them?

Mention mandatory reporters. All school personnel are mandatory reporters students need to know that they can self disclose to anyone at the school about unwanted touch.

It is helpful for students to know that if they need to talk to their teacher about this they should say, "Mrs. _____ I need to talk to you about the fish book." Teachers are the busiest people in the world. They need this alert to be sure to follow up with the student and not to let this go unattended.

Optional worksheet for students:

1. What was your favorite part of the book Some Parts are NOT for Sharing?

2. Have you ever-experienced unwanted touch? Circle one.

Yes   No

3. If you answered Yes to question #2 would you like to talk about this? Circle one.

    Yes   No

4. Do you have a trusted adult in your life? Circle one.

    Yes   NO

5. Do you have any other questions about this lesson?

Other titles by Julie Federico
www.juliefederico.com

www.ingramcontent.com/pod-product-compliance
Lightning Source LLC
Chambersburg PA
CBHW051431070526
44584CB00023B/3680